BEI GRIN MACHT SICH IH
WISSEN BEZAHLT

- Wir veröffentlichen Ihre Hausarbeit,
  Bachelor- und Masterarbeit

- Ihr eigenes eBook und Buch -
  weltweit in allen wichtigen Shops

- Verdienen Sie an jedem Verkauf

Jetzt bei www.GRIN.com hochladen
und kostenlos publizieren

Bibliografische Information der Deutschen Nationalbibliothek:

Die Deutsche Bibliothek verzeichnet diese Publikation in der Deutschen National-
bibliografie; detaillierte bibliografische Daten sind im Internet über http://dnb.d-
nb.de/ abrufbar.

Impressum:

Copyright © 2015 GRIN Verlag
Druck und Bindung: Books on Demand GmbH, Norderstedt Germany
ISBN: 9783668895621

Dieses Buch bei GRIN:

https://www.grin.com/document/460975

Isabel Marchetti

Social Media und IT-Projektmanagement. Zur Nutzung sozialer Medien in Unternehmen

GRIN Verlag

GRIN - Your knowledge has value

Der GRIN Verlag publiziert seit 1998 wissenschaftliche Arbeiten von Studenten, Hochschullehrern und anderen Akademikern als eBook und gedrucktes Buch. Die Verlagswebsite www.grin.com ist die ideale Plattform zur Veröffentlichung von Hausarbeiten, Abschlussarbeiten, wissenschaftlichen Aufsätzen, Dissertationen und Fachbüchern.

Besuchen Sie uns im Internet:

http://www.grin.com/

http://www.facebook.com/grincom

http://www.twitter.com/grin_com

Inhaltsverzeichnis

Abbildungsverzeichnis

1 Einleitung

1.1 Motivation

Diese Arbeit ist dem Fachgebiet der Wirtschaftsinformatik zu zuteilen. Sie wird in dem Lehrfach „Informations-und Kommunikationssysteme" des Management Instituts KMU verfasst und dient zur allgemeinen Leistungsüberprüfung in diesem Fach.

Diese schriftlich ausgearbeitete Hausarbeit in Form eines Reports behandelt die Themenkomplexe „Social Media" sowie „IT-Projektmanagement".

1.2 Klärung der Fragestellung und Methodik

Ziel dieser Arbeit ist es, die ausformulierte Fragestellung so präzise und effektiv wie möglich zu beantworten. Dabei wurden aus dem als Frage formulierten Textabschnitt vier wesentliche Forschungsfragen ermittelt, die im Verlauf der Arbeit mit Hilfe einer argumentativ-deduktiven, literaturbasierten Analyse beantwortet wurden.

Die vier ermittelten Forschungsfragen, die es zu beantworten galt sind:

- Welche Möglichkeiten bieten soziale Medien und wie kann man Social Media und dessen Möglichkeiten im Unternehmen nutzen und wofür?
- Welche Vor und Nachteile entstehen bei der Nutzung von Social Media im Unternehmen?
- Welche Beispiele/Best Practices sind anzuführen um den besonders effektiven Einsatz von Social Media im Unternehmen zu zeigen?
- Wie sieht eine lösungsorientierte Methode zur Systementwicklung im Unternehmen aus?

1.3 Ziele

Der Fokus dieses Reports liegt nicht auf Technologien und Trends, sondern verfolgt das gestaltungorientierte Ziel der ganzheitlichen Schaffung von Verständnis für das komplexe und umfangreiche Themengebiet des „Social Media", sowie die Entwicklung eines Konzepts zum möglichen strukturellen Ablauf eines IT-Projekts

2 Systemanalyse von Social Media

2.1 Begriffsdefinition/-abgrenzung „Social Media"

„Social Media" ist ein Begriff, dem die meisten Unternehmen in der heutigen Zeit nicht mehr ausweichen können. Die ganze Welt spricht von Web 2.0 und Social Media. Seit einigen Jahren werden vermehrt Lehrgänge und seit neustem sogar Studiengänge zu diesem Thema angeboten, wie beispielweise der Studiengang „Internationale Betriebswirtschaft-Fokus E-Business und Social Media Management, Bachelor of Arts" der SRH Hochschule Berlin.[1]

Doch was ist, oder besser gesagt, was sind Social Media?

Eine Definition des Gabler Online Wirschaftslexikon lautet folgendermaßen: „Soziale Medien (Social Media) dienen der – häufig profilbasierten – Vernetzung von Benutzern und deren Kommunikation und Kooperation über das Internet"[2]

Durch das so genannte „Web 2.0" oder auch „Mitmachweb" entwickelten sich die uns heute bekannten Sozialen Medien. Das Web 2.0 bietet eine Plattform für Applikationen, die allen Usern des World Wide Web zugänglich sind. Die Applikationen werden als Kanäle genutzt um Informationen global zu verbreiten. Soziale Medien und deren Plattformen können im Unternehmen weitreichend und in vielen Bereichen genutzt werden. Es wird bei den Plattformen im Grunde zwischen drei Arten unterschieden, den Microblogging Plattformen wie Twitter, den Corporate Blog Plattformen und den Social Networks wie Xing, Facebook und Co.

Um Social Media im Unternehmen dauerhaft und sinnvoll einzusetzen, wird empfohlen eine langfristige Social Media Strategie zu konzipieren. Der erste Grundstein für eine solche Strategie wurde im folgenden Teil der Arbeit gelegt. Es wurde eine Analyse durchgeführt sowie die Vor-und Nachteile ausgearbeitet, dabei die generellen Möglichkeiten aufgezeigt und die gängigsten Plattformen vorgestellt. Damit kann im weiteren Prozess der Strategieentwicklung darüber entschieden werden, welche Systeme und Tools tatsächlich dazu beitragen den Erfolg des Unternehmens zu maximieren.

---

[1] http://www.srh-hochschule-berlin.de/de/studium/betriebswirtschaft-e-business-social-media-ba/
[2] http://wirtschaftslexikon.gabler.de/Definition/soziale-medien.html

2.2 Möglichkeiten externer Nutzung von Social Media Systemen

Bei der externen Nutzung von Social Media präsentiert sich das Unternehmen, durch Unternehmensprofile, Mitarbeiterprofile oder Produktprofile auf den Plattformen der sozialen Medien. Diese Profile repräsentieren das Unternehmen nach außen und bieten viele Funktionen, die zur Gewinnoptimierung im Unternehmen beitragen können. Die wichtigsten Bereiche und Funktionen werden im nächsten Teil genauer beschrieben.

2.2.1 Personalbeschaffung und -identifizierung

Große Potentiale bei der Nutzung von Social Media liegen im Bereich der Personalbeschaffung. Es gibt so genannte Business Networking Plattformen wie beispielsweise Xing [3] und LinkedIn [4] . Diese Social Networks dienen dabei der reinen Vernetzung auf professioneller Ebene. Mitglieder können ihre Lebensläufe hochladen und sich direkt mit anderen Usern in Kontakt treten. Diese Plattformen erleichtern es enorm sich ein Businessnetzwerk anzulegen und dieses zu pflegen. Durch den geschickten Einsatz der Plattformen und deren Netzwerke kann das Unternehmen die Aufgaben eines Headhunters selbst übernehmen und beispielsweise mittels Xing direkt auf mögliche Kandidaten aufmerksam werden und sie direkt ansprechen. Die Kandidaten können dann durch Research von privaten Profilen auf anderen Sozialen Plattformen auf generelle Kompatibilität zum Unternehmen indentifiziert werden. Durch den Verzicht auf Jobausschreibung und das Durchkämmen vieler Bewerbungen, können die ersten Phasen langer Einstellungsverfahren verkürzt werden. Dies spart Kosten und Zeit und erhört so die Effizienz des Personalrecruiting.

Eine weitere Möglichkeit von Business Networks ist die Verbesserung des Employer Branding durch Soziale Netzwerke und Blogs. Ziel des Employer Branding ist es die Identifikation mit dem Unternehmen zu intensivieren, um sich vom Markt abzuheben und die Motivation von Mitarbeitern zu steigern sowie eventuelle Kandidaten anzuwerben.

Durch den strategischen Einsatz von Employer Branding und Business Networks, können der Wirkungsgrad und die Qualität der Personalbeschaffung gesteigert werden und Mitarbeiter langfristig und emotional an das Unternehmen gebunden werden.

---

[3] www.xing.com
[4] www.linkedin.com

2.2.2 Social Media Marketing

Das internetbasierte Social Media Marketing weist in den Grundzügen Ähnlichkeiten mit klassischen, nicht internetbasierten Marketing Methoden auf, wie etwa der Methode der Mundpropaganda. Hierbei ist es wichtig mit (potentiellen) Kunden durch die Social Media Kanäle in Kontakt zu treten und zu interagieren. [5] Die Social Media Plattformen ermöglichen es den Unternehmen in direkten Kontakt mit den Kunden zu treten, direktes Feedback in Echtzeit zu erhalten und eine Diversifizierung von Erlösquellen zu generieren. [6] Durch die soziale Komponente der neuen Medien müssen die klassichen „7 P´s des erweiterten Marketing Mix" adaptiert werden, um auf die neue Umgebung adequat reagieren zu können. [7] Die Schlüsselkanäle für Business to Consumer Marketing sind Facebook, Instagram, Twitter, Pinterest und Youtube. [8] Ein Begriff, der hier noch genannt werden soll, ist das durch Social Media entstandene Content Marketing. Beim Content Marketing wird nicht einfach klassisch mit dem Produkt geworben und Werbung gestreut, sondern es werden Informationen, die Mehrwert und Unterhaltung bieten, in Form von beispielsweise Ratgebern oder Benutzungsvideos auf Plattformen veröffentlicht. So wird der Kunde emotionalisiert und gebunden, in dem das Produkt und seine Funktion wie Benutzung im Alltag beworben wird. Ein Beispiel hierfür ist das Youtube Profil von Estee Lauder, in dem von der richtigen Organisation von Make-up bin hin zu Make-up Tutorials die verschiedensten Facetten der Benutzung der Produkte, sowie „Tipps und Tricks" gezeigt werden. Ziel ist es den Kunden besser „abzuholen"[9]

2.2.3 Customer Relationship Management

Das Social Costumer Releationship Management ist eng mit dem Marketing verbunden und bietet besonderes Erfolgspotential hinsichtlich der Kundenbetreuung und Kundenbindung. Wie im Punkt 2.2.2 erwähnt, sind durch die sozialen Medien neue Möglichkeiten entstanden verstärkter und direkter mit Kunden in Kontakt zu treten, wodurch auf deren Bedürfnisse und Stimmungen rapider reagiert werden kann. Durch Plattformen wie Facebook oder Pinterest besteht eine nie dagewesene Quantität und Qualität an Informationen über

---

[5] Vgl. http://dems.unimib.it/corsi/817/esercitazioni/social_media_mktg.pdf , S.4451
[6] Vgl. Anne Marie Hanlon, Quick Win- Social Media Marketing, S.15/16
[7] Siehe: Anne Marie Hanlon, Quick Win-Social Media Marketing, S.18/19
[8] Vgl. Anne Marie Hanlon, Quick Win- Social Marketing, S. 19/20
[9] https://www.youtube.com/user/EsteeLauder

(potentielle) Kunden. Gemeint sind hier Informationen wie beispielweise Präferenzen und Kaufverhalten. Durch Social Monitoring Tools ist es möglich Meinungen und Stimmungen zu analysieren, um das Unternehmen noch stärker auf den Kunden auszurichten. Da die Wünsche und Stimmungen noch besser verstanden werden, kann man besser auf den Kunden eingehen und ihm so größeren Mehrwert bieten. Ein neuer Trend in diesem Bereich sind die Social CRM Tools, die unter anderem Feedbacks und Diskussionen auswerten und Sentiment Analysen durchführen. Ein Beispiel für ein solches Social CRM Tool ist Social Sprout[10].

2.2.4 Social Media Analytics

Durch die unterschiedlichen Einsatzbereiche und Einflussmöglichkeiten von Social Media sind auch die Tools und Methoden zur Analyse unterschiedlich und sollten in Kategorien eingeteilt werden. Vier verschiedene Vorgehensweisen sind nach Kernkompetenzen geordnet in folgende Bereiche eingeteilt:

Social Engagement Analysis

Diese Analysekategorie wird vor allem für die firmeneigenen Websites und Blogs genutzt, um das so genannte Social Engagement für kommunizierte Inhalte seitens des Unternehmens zu beobachten. „ Das Social Engagement bezeichnet den Grad der sozialen Interaktionen, die Besucher auf einer Website vornehmen."[11]

Dabei wird unterschieden zwischen:

Leichtem Engagement wie Social Bookmarking und Bewerten der Websites,

Mittlerem Engagement wozu das „Liken" oder Twittern von Inhalten oder Inhaltseiten gehört und dem

Starken Engagement bei dem der Nutzer in starke soziale Interaktion tritt wie beispielsweise beim Kommentieren von Content.[12] Desweiteren kann man mit diesen Analysetools den Traffic auf den eigenen Websites messen sowie Informationen darüber erhalten wie User die Website nutzen. Hinzu kommen Angaben zu Auswirkungen des „Mobile Traffics" auf der

---

[10] http://sproutsocial.com/features/social-media-crm
[11] Siehe: Back;Gronau;Tochtermann, Web 2.0 und Social Media in der Unternehmenspraxis, 2012, S.162
[12] Vgl. Back;Gronau;Tochtermann, Web 2.0 und Social Media in der Unternehmenspraxis, 2012, S.162

Website.[13] Das mit 50,8 % am meisten genutzte Webanalysetool hierzu ist Google Analytics.[14]

Social Media Monitoring

Das Social-Media-Monitoring unterscheidet sich im grundlegenden Vorgehen nicht stark von einer allgemeinen Web-Analyse. Beim Social-Media-Monitoring werden Plattformen nach Topics und Schlagwörtern durchsucht und dabei die aufgefundenen Mentions, also Nennungen, einer Sentimentanalyse unterzogen um herauszufinden, ob die gefundenen Mentions in einem neutralen, positiven oder negativen Kontext stehen. Impact und Infuence dieser Mentions, also der Einfluss und die Auswirkungen dieser Nennungen werden dann Anhand einiger Indikatoren eigestuft. Indikatoren dafür sind beispielsweise Follower-und Abonnentenzahl der für die Mentions verantwortlichen Nutzer, sowie die Plattformen auf denen die Mentions gefunden wurden.[15] Die heute sehr weit entwickelten Analyse Systeme beachten dabei unter anderen Fragen wie zum Beispiel, welche Contents bringen Traffic? Ein sehr beliebte und umfangreiche Software-Lösung dazu ist zum Beispiel Radiant6.[16] Durch die stetig wachsende Nachfrage nach solchen Tools wächst dem entsprechend das Angebot, so dass sich das Unternehmen auf der Suche nach der passenden Lösung, über die Ansprüche an ein solches Tool und die daraus resultierenden Information und deren Einsatz im Klaren sein sollte.

Social-Networking-Analysis

Das Ziel von Unternehmensprofilen auf den Plattformen der sozialen Medien ist unter anderem, eine möglichst effektive und große Fan-Gemeine oder „Follower-Community" aufzubauen. Um die Qualität und die sich daraus ergebende Effektivität dieser Community zu messen, sollte nach Lovett besonders auf vier Faktoren zur Erfolgsmessung geachtet werden[17]:

Influence: Influence ist der Einfluss den eine Person oder Organisation bezüglich Themen, Brands oder Bereichen auf andere User ausüben kann. Influence berücksichtigt dabei außer

---

[13] Vgl. http://www.google.at/intl/de_ALL/analytics/features/index.html
[14] http://w3techs.com/technologies/overview/traffic_analysis/all
[15] Vgl. Back;Gronau;Tochtermann, Web 2.0 und Social Media in der Unternehmenspraxis, 2012, S.162
[16] http://www.exacttarget.com/products/social-media-marketing/radian6
[17] Vgl. Lovett, Social Media Metrics Secrets, 2011, S.173 f.

der Reichweite auch die Autorität und das Ansehen einer Person. User die dabei starken Einfluss nehmen können werden Advocates genannt.

Impact: Impact ist eine Größe, um Abschätzen zu können wie stark die Wirkung eines Nutzers ist zwecks dem Erreichen eines gewünschten Ziels. Dabei hat die Auswirkung größeren Einfluss auf die Verwirklichung eines bestimmten Ergebnisses .

Interaction: Die Anzahl an Reaktionen auf eigene Initiativen in sozialen Netzwerken, so wie die eigenen Initiativen an sich werden anhand von Interaction Rates gemessen.

Engagement: Wie bereits erwähnt, beschreibt das Engagement Grad und Tiefe von sozialen Interaktionen und Sozialen Netzwerken.

Beispiele für Analyse Systeme zu einzelnen Plattformen sind Facebook Insights [18] für Facebook oder Twitalyzer[19] für Twitter. Außerdem gibt es einige Plattformübergreifende Auswertungssysteme wie Klout[20] um nur eines der am meisten genutzen zu nennen.

2.3 Möglichkeiten interner Nutzung von Social Media Systemen

Die Interne Nutzung von sozialen Medien wird vor allem zur Verbesserung der Kommunikation im Unternehmen eingesetzt, gerade wenn sich das Unternehmen durch verschiedene Standorte auszeichnet. Wie die Kommunikation und Zusammenarbeit im Unternehmen auch über Distanzen hinweg verbessert werden kann, wird in den nächsten Abschnitten beschrieben.

2.3.1 Enterprise Wikis

Die bekanntesten Social Software Systeme sind Wikis. Wikis sind webbasierte Systeme, auf dessen gespeicherte Informationen die Mitarbeiter frei zugreifen können und die Informationen nach Bedarf editierbar sind. Es gibt viele Argumente, die dafür sprechen Wikis im eigenen Unternehmen einzuführen. Die einfache Einführung, Bedienung und gute Verfügbarkeit sind neben der Optimierung der Informationstransparenz nur wenige der wichtigsten Dafürsprecher, kollaborative Arbeitsmodelle à la Wikipedia zu fördern und so die Effizienz im Unternehmen zu steigern.[21]

---

[18] https://www.facebook.com/help/pages/insights
[19] http://twitalyzer.com/5/index.asp
[20] https://klout.com/home
[21] Vgl. Seibert, Preuss, Rauer, Enterprise Wikis, 2011, S.62

2.3.2 Interne Kommunikation und Zusammenarbeit

Groupware ist eine Art Social Software und wird damit allgemein als Teil von Social Media gewertet. Groupware kann den Informations- und Workflow intern deutlich verbessern und vereinfachen. Unterschieden wird in diesem Punkt zwischen Workflowmanagementsystemen und Kooperationssystemen. Lehner nennt in seiner Veröffentlichung zu Wissensmanagementsystemen vier wesentliche Kooperationssysteme. Dabei handelt es sich um Planungssysteme, welche gruppenorientierte Zeit und Tätigkeitsplanung umfassen. Annotationssysteme, welche die direkte Zusammenarbeit fördern, indem Informationen mit weiteren Informationen und Anmerkungen verknüpft werden können. Elektronische Meeting-Systeme, die Online-Meetings ermöglichen und dazu beitragen, diese zu planen, durchzuführen und nachzubearbeiten. Schließlich die gruppenorientierten Bearbeitungssysteme, die einen Zusatz zu Annotationssystemen darstellen und durch Whiteboards, Application- und Brainstormingsysteme die Zusammenarbeit weiter erleichtern.[22]

2.4 Vor- und Nachteile des Einsatzes von Social Media Systemen

Allgemein formuliert sind die Vorteile von Social Media die direkte und schnelle Kommunikation nach innen oder nach außen. Auf Trends kann schneller reagiert werden und der Erhalt von Feedback wird vereinfacht. Das Unternehmen ist durch Social Media näher am Kunden und der Kunde fühlt sich persönlicher angesprochen. Der Zusammenhalt, sowie Kommunikation im Unternehmen kann gesteigert und Motivation erhöht werden. Es ergeben sich neue Dimensionen im Bereich Marketing und Distribution. Die Auswertung von (Marketing-)Aktivitäten durch Monitoring Tools zwar aufwändig aber genau.

Es sind jedoch auch Nachteile anzuführen: Der Aufwand der Erstellung und Pflege von Profilen auf Social Networks ist hoch und es ist zeitintensiv, wenn der Informationsfluss konstant bleiben soll. Dies gilt auch für die Social Analytics Systeme, diese sind sehr Zeitaufwändig und sind nur dann effektiv wenn sie kontinuierlich genutzt werden. Durch den hohen Aufwand werden oft zusätzliche Ressourcen und Know-How benötigt. Dies führt zu höheren Kosten und gerade bei mittelständischen Unternehmen sollte daher der Einsatz von Social Media einer Wirtschaftlichkeitsanalyse unterzogen werden. Ein weiterer Nachteil ist, dass soziale Plattformen nicht kontrollier- oder steuerbar sind und so unkontrollierbare,

---

[22] Vgl. Lehner, Wissensmanagement, 2014, S. 259/260

negative Meinungströmungen entstehen können, auf die das Unternehmen mit großer Sorgfalt reagieren muss um sich nicht weiter zu schaden und gröbere Verluste zu vermeiden.

3 Einsatzpotenziale und Best Practices von Social Media Systemen

3.1 Allgemeine Einsatzpotenziale von Social Media Systemen

Es gibt viele mögliche Einsatzpotenziale von Social Media. Inzwischen wird Social Media in den verschiedensten Bereichen eingesetzt, angefangen von Produkten über Brands bis hin zur Dienstleistung. Um diese möglichen Einsatzpotentiale zu veranschaulichen, und um zu zeigen wie erfolgreiche Unternehmen Social Media einsetzen, werden im nächsten Teil zwei Best Practices angeführt.

3.2 Virgin Group Ltd.

Die britische Unternehmensgruppe Virgin Group wurde 1970 von Sir Richard Branson gegründet. [23] Inzwischen operiert das Unternehmen in mehr als 50 Ländern, zählt 58 Töchterfirmen in den verschiedensten Bereichen und beschäftigt ca 50.000 Angestellte. [24] Die Virgin Group ist ein ausgezeichnetes Beispiel für die erfolgreiche Implementierung von Social Media für die verschiedensten Produktsegmente und Unternehmensbranchen, angefangen von Dienstleistungen wie der Luftfahrt, über Radiosender, bis hin zur Winzerei. Ausgangspunkt für die vielen Social Media Einsatzbereiche der Virgin Group, ist die Hauptdomain www.virgin.com .Auf dieser Website findet man Reflinks zu den proprietären Plattformen aller Töchterunternehmen. Desweiteren gelangt man zu Richard Bransons CEO Blog, der regelmäßig und in kurzen Zeitabständen upgedated wird. Die Website ist besonders benutzerfreundlich und übersichtlich eingerichtet und es wird an verschiedensten Stellen nach Feedback und Kontaktaufnahme über die Social Media Kanäle gebeten. Die Virgin Group ist auf Youtube, Twitter, LinkedIn, Facebook, Instagram, sowie Tumblr vertreten und deckt damit die bedeutendsten und meistgenutzten Plattformen ab. Jeglicher, auf der Website befindlicher Content, ist mit den dazugehörigen Plattformen verlinkt und kann sofort geteilt, geliked und kommentiert werden. Dies ermöglicht es dem Unternehmen in ständigen Kontakt mit seinen internationalen Kunden zu stehen. Darüber hinaus können

---

[23]Vgl. http://www.virgin.com/time-machine/1970s
[24] Vgl. http://www.virgin.com/about-us

damit schnell neue Marketingmaßnahmen umgesetzt werden um weitere Fans und schließlich mögliche Kunden zu erreichen.

3.3 Sillhouette International Schmied AG

Das zweite erfolgreiche Unternehmen mit Einbindung von Social Media ist der österreichische Brillenhersteller Silhouette International Schmied AG, mit Sitz in Linz. Das 1964 gegründete Familienunternehmen beschäftigt weltweit 1500 Mitarbeiter und beinhaltet Töchterunternehmen in 18 Ländern weltweit. Produziert werden Brillen für die Eigenmarke Silhouette sowie für die Lizenzmarke Adidas.[25] Das Unternehmen pflegt Profile auf den Plattformen Twitter, Instagram, Facebook und Youtube. Sämtliche Seiten der Firmenwebsite sind mit Links versehen, um Inhalte auf den genannten Plattformen zu teilen.

Das Unternehmen pflegt einen eigen Blog, den Silhouette Life Style Blog[26], auf dem unter anderem Gastautoren von bekannten Blogs Inhalte verfassen und diese auf dem Blog des Unternehmens sowie dem eigenen Blog veröffentlichen. Ein Beispiel ist die Gastautorin Melanie Galea, einer der bekanntesten Bloggerinnen und Autorin des populären Style und Mode Blogs, www.thestreetmuse.com[27].

Der Blog von Silhouette ist ein besonders anschauliches Beispiel dafür, wie Advocates zur Implementierung von Social Media Marketing genutzt werden können um so eine zielgruppengenaue Reichweite und Streuung zu erreichen.

---

[25]Vgl. http://www.silhouette-international.com/silhouette/company/facts-and-figures/index.de.php
[26] Vgl. http://litestyle.silhouette.com
[27]Siehe: http://www.thestreetmuse.it/blog/creative-projects/908/vanessa--the-city

4 Vorschlag zur Systementwicklung im Lebenszyklus von der Idee bis Funktionslösung

Es gibt verschiedene Auslöser um IT Projekte ins Leben zu rufen. Ernst Tiemeyer unterscheidet in seinem Handbuch IT-Management im Wesentlichen zwischen drei theoretischen Ausgangsfällen:

- IT-Projekte ergeben sich aus einem Punkt eines vorhandenen Masterplans der IT-Strategie.
- Praxisprobleme, sowie konkrete Anforderungen oder Ideen von Fachabteilungen oder seitens der Geschäftsführung.
- Veränderung des Umfelds wie etwa technologische Entwicklungen, Änderung von Gesetzesauflagen, logistische und organisatorische Veränderungen sowie Veränderungen des Marktes.[28]

Was letztendlich der Auslöser für die Idee einer neuen, verbesserten Lösung sein mag, es gibt einige allgemeine Voraussetzungen und Vorgehensweisen, an die man sich auf dem Weg zur fertigen IT Lösung halten sollte, um den Ablauf der Realisierung des Projekts so effektiv und kostengünstig wie möglich zu gestalten. Eine Möglichkeit wie eine solche Vorgehensweise aussehen könnte wird im nächsten Abschnitt genauer dargestellt.

Was sind also die nächsten notwendigen Schritte, nachdem eine Idee über ein neues System kommuniziert wurde?

Um das Verständnis der nächsten logischen Schritte zu erleichtern, wird an dieser Stelle noch der Lebenszyklus eines IT-Modells gezeigt.

Das System und dessen Nutzen, Nutzung und Kosten, durchlaufen in seinem Lebenszyklus von der Entwicklung bis zur Abschaffung sechs Phasen. Dieser Zyklus ist auf der folgenden Abbildung dargestellt.

---

[28] Vgl. Tiemeyer, Handbuch IT-Management, 2013, S. 221

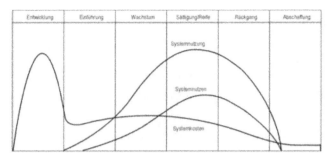

Abb 1: Lebenszyklus IT-System[29]

Nach der kostenintensiven Entwicklungsphase gelangt das Projekt in die Einführungsphase, in der die Entwicklungskosten abgeschafft sind, da die Lösung steht. Jedoch braucht es weitere Ressourcen, um die User mit der Benutzung des neuen Systems vertraut zu machen und eventuelle Fehler zu beheben.

Die Systemnutzungskurve zeigt an, wie oft das System genutzt wird. Diese Kurve steigt ab der Einführung, erreicht ihren Peak in der Reifephase und sinkt schließlich stark ab bis zur Abschaffung. Ähnlich dazu verhält es sich mit dem Systemnutzen. Die Systemnutzenkurve ist ein Indikator dafür, wie viel Mehrwert das System für den User schafft. Diese Kurve steigt mit der Einführung stark an und erreicht, ähnlich wie die Systemnutzungskurve, ihren Höhepunkt mit der Reifephase.

Die dargestellte begrenzte Lebensdauer eines Systems hängt damit zusammen, dass sich die Technologie in der heutigen Zeit rasant entwickelt. Es muss nach einer gewissen Zeit abgeschafft werden, da es sonst veraltet und nicht mehr für den nötigen Wettbewerbsvorteil sorgt.

Ist man an diesem Punkt angelangt, sollte man sich überlegen, wie die Entwicklung eines neuen Systems aussehen könnte.

4.1 Vorphase, Phase der Analyse

In dieser Vorentwicklungsphase ist es besonders wichtig einige Analysen und Maßnahmen anzustellen um schließlich gut vorbereitet in das eigentliche Projekt zu starten. Zunächst sollte eine Ist-Analyse, also eine Evaluation des bestehenden Systems durchgeführt werden

---

[29] Quelle Enzyklopädie der Witschaftsinformatik Online Lexikon

um den Ist-Zustand zu bewerten. Nachdem die bestehende Situation überprüft und beurteilt wurde, folgt der Entwurf einer Projektskizze. In diesem Grobkonzept sollten die wichtigsten Projektinformationen enthalten sein. Tiemeyer formuliert dabei folgende Angaben für ein solches vorläufiges Konzept:[30]

- Projektname, Projektnummer, Auftraggeber, Projektleiter/Ansprechpartner
- Definition der Projektziele
- Eine Abschätzung des internen und externen Aufwands sowie der notwendigen Ressourcen
- Erste Prognose, zeitliche Planung des Projekts
- Grobe Kalkulation der Kosten des Projekts
- Projektnutzen

Nach Erstellen der Projektskizze ist es wichtig die einzelnen Punkte weiter auszuarbeiten. Bei der weiterführenden Analyse ist darauf zu achten, dass „neben der Festlegung der Verantwortlichkeiten die Detaillierung der Planung (Inhalte, Kosten, Termine), eine Machbarkeitsstudie und eine Stakeholder-Analyse durchzuführen" [31] ist. Die daraus ermittelten Daten werden in einem sogenannten Projektantrag ausgearbeitet und formuliert dargestellt. Für diesen Projektantrag ist der Antragssteller beziehungsweise der Projektleiter zuständig. Dieser Antrag sollte unbedingt folgende inhaltliche Punkte berücksichtigen:

- Projektart, Projektnummer, Auftraggeber, Projektleiter
- Inhaltliches Projektziel
- Projektkosten und Finanzierung
- Projekttermine, Meilensteine, (evtl. Projektorganisation)
- Wirtschaftliche und qualitative Projektbegründung
- Strategic Alignment der Projekts, Dringlichkeit und Risiken[32]

Anhand dieser Angaben beschließen die Entscheidungsträger im Unternehmen über „Do" oder „Dont", darüber ob das Projekt realisiert wird oder nicht.

---

[30] Vgl. Tiemeyer, Handbuch IT-Projektmanagement, 2013, S.42
[31] Siehe: Tiemeyer, Handbuch IT-Projektmanagement, 2013, S.44
[32] Vgl. Tiemeyer, Hanbuch IT-Projektmanagement, 2013, S.46

4.2 Entwicklungsphase

Nachdem nach eingehender Analyse und Brainstorming die Entscheidung zugunsten des Projekts ausgefallen ist, wurde an dieser Stelle ein weiterer Meilenstein für Entscheider des Projekts erreicht. „Make or Buy?" ist die Frage. Nach einem vorangegangen Wirtschaftlichkeitsvergleich sollte die Entscheidung getroffen werden, ob das System fremdbezogen, oder in Eigenentwicklung im eigenen Unternehmen umgesetzt wird. Entscheidungsfaktoren dabei sind vor allem Kosten und Ressourcen.

Entscheiden sich Vorstand und Geschäftsführer dafür, das System nicht von einem Hersteller zu kaufen sondern selbst zu entwickeln, gibt es zwei Möglichkeiten, wie eine solche Entwicklungsphase aussehen könnte.

An dieser Stelle sollen zwei Möglichkeiten einer Systementwicklung im eigenen Haus gegenübergestellt werden:

Sequenzielle oder klassische Systementwicklung nach dem Wasserfallmodell versus agile Systementwicklung mit Scrum.

Das Wasserfallmodell der Systementwicklung, welches in vielen erfolgreichen Unternehmen praktiziert wird, zeichnet sich besonders dadurch aus, dass angefangen von der Projektinitiative bis zu fertigen Lösung jeder Schritt geplant und festgelegt ist. Es wird einem genauen Plan, dem Lasten und Pflichtenheft, gefolgt. Dadurch lassen sich die Kosten sowie die Dauer der Entwicklungsphase von Anfang an gut abschätzen. Bei innovativen Projekten, für die wenig Best Practices zu Verfügung stehen, kann genau dies jedoch von Nachteil sein. Denn „durch das frühe Abschließen der Planungsphase geht die Flexibilität, auf Änderungen zu reagieren, teilweise verloren" [33]

Die Arbeitsschritte und Phasen des Projekts hängen durch das streng sequenzielle durchlaufen stark voneinander ab, was das eingehen auf Änderungswünsche erschwert. Denn das würde bedeuten, man müsste einen Schritt zurück in eine frühere Planungsphase gehen und das ist mit großem Aufwand und hohen Kosten verbunden. [34]

Dies ist veranschaulicht dargestellt auf der folgenden Abbildung über die Kostenentwicklung für Fehlerbehebung und Änderung in sequenziellen Projektmanagementmethoden:

---

[33] Siehe: Tiemeyer, Handbuch IT-Management, 2013, S.82
[34] Vgl. Tiemeyer, Handbuch IT-Management, 2013, S.82/83

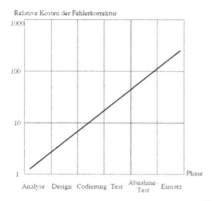

Abb.2. : Kostenentwicklung Fehlerbehebung[35]

Um auf den Bedarf an höherer Flexibilität einzugehen und dadurch Kosten in der Entwicklung zu sparen, wird hier geraten, mit einer agilen Systementwicklungsmethode, mit den Grundsätzen des agilen Manifests zu arbeiten.

Die Methoden des agilen Systementwicklungsmodells Scrum sind empirisch, iterativ und inkrementell. [36] Das heißt, die einzelnen Schritte beruhen auf wissenschaftlicher und praktischer Erkenntnis und sind so aufgebaut, dass sie schrittweise erfolgen und sich grundlegende Abläufe während der Entwicklung stets wiederholen. „ Das Ergebnis ist Flexibilität, die allgemein als Wettbewerbsvorteil zu werten ist"[37]

---

[35] https://ai.wu.ac.at/~koch/courses/wuw/archive/inf-man-2-vo-ss-03/vorgehensmodelle/vorgehensmodelle.pdf S.7
[36] Vgl. Tiemeyer, Handbuch IT-Management, 2013, S. 85
[37] Siehe: Hruschka, Rupp, Stark, Agility Kompakt, 2003, S.59

4.2.1 Der Scrum Ablauf im Überblick[38]

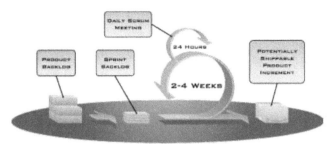

COPYRIGHT © 2005, MOUNTAIN GOAT SOFTWARE

Abb. 3. : Scrum Ablauf[39]

Die Abbildung 3 stellt den, im folgenden genauer behandelten, Scrum Ablauf dar.

Der Product Owner erstellt anhand der vorangegangen Analysen einen allgemeinen Anforderungskatalog und formuliert gemeinsam mit dem Team die User Stories. Dieser Anforderungskatalog ist der so genannte Product Backlog. Dieser ähnelt einem Pflichten- und Lastenheft, mit dem Unterschied, dass der Product Backlog jederzeit erweitert oder gekürzt werden kann, das heißt der Product Backlog ist ein lebendes Dokument.

Nachdem die Eingaben in den Product Backlog stattgefunden haben, werden diese vom Product Owner priorisiert.

Der nächste Schritt ist eine vom Scrum Master moderierte Sprint-Planung, deren Ziel es ist, priorisierte Anforderungen aus dem Product Backlog in Tasks zu zerteilen, deren zeitlichen Aufwand zu schätzen, um so ein priorisiertes Sprintbacklog erstellen zu können.

Mit diesem Katalog an Sprint-Zielen kann das Entwicklerteam in den zwei bis vier wöchigen Sprint starten.

Während des Scrums gibt es Daily Scrum-Meetings, in denen Fortschritt und Agenden sowie Probleme und mögliche Hindernisse besprochen werden. Diese täglichen Scrum-Meetings werden „stand-up" durchgeführt und sollten ca. 15 Minuten dauern. Diese Vorgehensweise dient der Kommunikation im Team und hilft überflüssige Meetings zu vermeiden.

---

[38] Vgl. Tiemeyer, Handbuch IT-Management,2011, S. 91/92

[39] Quelle: Mountaingoat Software, 2005

Um den Fortschritt des Teams zu tracken und den restlichen Aufwand im Sprint abzusehen werden die verbleibenden Arbeitsstunden an einem Task täglich im Sprint Burndown-Diagramm eingepflegt.

Ist der Sprint vorüber, werden die vollständig erreichten Sprintziele anhand von Demos im Sprint-Rieview vorgestellt. An diesem Sprint-Review nimmt das Sprint-Team teil, möglicherweise auch der Kunde und Stakeholder.

Bevor der Sprint Prozess nun wieder von vorne gestartet wird, trifft sich das Team nach jedem Sprint zur Sprint-Retrospektive. Diese 30 bis 60 minütigen Meetings dienen der Verbesserung der Zusammenarbeit und des Ablaufs. Hier werden Probleme und Schwierigkeiten, aber auch Verbesserungen offen diskutiert. Frei nach dem Motto: „Inspect and Adapt" also Überprüfen und Anpassen.

Der Ablauf im Scrum, mit den vier wesentlichen sich wiederholenden Teilen, den Sprint Planning Meetings, dem Sprint, der Sprint Review und der Sprint Retrospective, liegt dem Qualitätsicherungszyklus „Plan-Do-Check-Act" nach Edward W. Deming zugrunde.

Dieser Scrum Ablauf wiederholt sich so lange, bis der Product Backlog abgearbeitet ist und es keine weiteren Anforderungen oder Änderungswünsche mehr gibt.

4.2.2   Rollen im Scrum[40]

Ein grundlegendes Scrum Charakteristika ist das sich selbst organisierende Team. Zu diesem Scrum Team gehören im wesentlichen drei Rollen, auf die im folgenden Teil genauer eingegangen wird.

Der Product Owner

Der Product Owner ist die Schnittstelle zwischen Auftraggeber und dem Scrum Team. Er erstellt gemeinsam mit dem Kunden den Product Backlog und priorisiert diesen. Es obliegt seinem Verantwortungsbereich, dass das Team die Anforderungen versteht und so umsetzt das der gewünschte Nutzen resultiert. Er trägt außerdem die Verantwortung für das Projekt hinsichtlich Kosten und Erfolg.

Der Scrum Master

Der Scrum Master ist sozusagen die Gute Seele des Teams. Er schafft dem Entwicklerteam das passende Arbeitsumfeld, indem er darauf achtet, dass alle Regeln und Werte

---

[40] Vgl. Tiemeyer, IT-Projektmanagement,2011, S. 92/93

eingehalten werden und keine störenden Einflüsse von außen das Team ablenken. Außerdem moderiert er die Meetings und ist erster Ansprechpartner bei Problemen. Damit ist er maßgeblich dafür mitverantwortlich, dass im Team eine sehr gute Kommunikation herrscht. Ausreichende Kommunikation ist von essentieller Bedeutung für einen erfolgreichen Scrum Prozess.

Das Entwickler Team

Das Entwicklerteam ist dafür verantwortlich, dass aus den gestellten Anforderungen am Ende eines Sprints ein funktionsfähiges Produktinkrement geliefert wird. Dieses Team besteht aus fünf bis neun Personen, die sehr selbständig und bis zu einem gewissen Grad auch selbstbestimmt arbeiten. Die Mitglieder sollten möglichst Vollzeit arbeiten und besonders teamfähig sein.

Veränderungen, ob personeller oder inhaltlicher Art, sollten im Scrum immer nach einem Sprint getätigt werden.

4.3 Einführungsphase

Nachdem das System fertig entwickelt wurde und es Systemkomponenten- und allgemeine Abnahmetests bestanden hat, sollte sich mit einer Strategie zur Implementierung des Systems auseinandergesetzt werden. Hier gibt es mehre Rollout Strategien, die angewendet werden können. Empfohlen wird an dieser Stelle die Einführung unterteilt in Pilotphasen. Hierbei werden erst einmal nur Teile des neuen Systems installiert, wenn diese nach einer Zeitperiode im Echtbetrieb den Erwartungen entsprechen und keine Fehler aufweisen, können weitere Teile implementiert werden.

 Noch während der Einführungsphase ist es wichtig, dass die User durch Trainings richtig an das Produkt herangeführt werden. Für das Produkt ist es belangvoll, ein hohes Stakeholder-Commitment zu schaffen, beispielsweise durch internes Marketing. Denn wie Wilf Vogue richtig formuliert, sollte man die Wichtigkeit von Stakeholder-Commitment im Unternehmen nicht vernachlässigen. „Das Unternehmen ist ein komplexes System, in dem die Stakeholder eines der wichtigsten Elemente sind."[41]

---

[41] Siehe: Voge , Stakeholder Commitment: Why is it so important?, S.1

4.4 Wachstumsphase

Nachdem der Rollout erfolgreich durchgeführt wurde und das System up and running ist, ist es von großer Bedeutung weiter am System zu arbeiten. Das ist auch der Grund wieso in Abb1 die Kostenkurve des Systems nie ganz auf Null sinkt.

Dabei sollte man sich an fünf Kategorien der Wartung halten, nämlich an die korrigierende Wartung, die Anpassungswartung, die perfektionierenden Wartung zur Performanceverbesserung, die Funktionserweiterung sowie die Unterstützung und die Betreuung.[42]

5 Zusammenfassung und Ausblick

Social Media hat viel Potential, einige Punkte wurden in dieser Arbeit noch gar nicht angesprochen, beispielsweise der Trend Crouwdsourcing oder besondere mobile Lösungen. Doch es wurde ein genereller Rundblick gewährt, um aufzuzeigen welche Möglichkeiten es gibt. Als mittelständisches, wie auch als großes Unternehmen, ist es in der heutigen Zeit bedeutend sich mit diesem Thema auseinander zu setzen und vorhandene Möglichkeiten einer Kostennutzenanalyse zu unterziehen. Dabei sollte auch die Relevanz für die Zielgruppe untersucht werden. Sollte sich ein Unternehmen für den Einsatz von Social Media entscheiden, ist es essentiell, eine Social Media Strategie zu implementieren.

Keineswegs ist zu übersehen, dass gerade schon die zweite Generation zukünftiger Kunden, Mitarbeiter etc., heranwächst die mit dem Web 2.0 und den sozialen Medien aufwächst und für die dessen Nutzung in allen Lebensbereichen selbstverständlich ist.

Beim Einsatz sowie der Entwicklung dieser Plattformen und Systeme ist ein Schlüsselpunkt zu beachten, der Schlüsselpunkt ist die Kommunikation.

Ob bei der Pflege von Unternehmensprofilen oder der Zusammenarbeit in Projektteams, es ist es unabdinglich darauf zu achten, dass richtig und effektiv kommuniziert wird um so Prozesse zu optimieren, die Position des Betriebs zu stärken und Erfolge zu verbuchen.

Denn wie Paul Watzlawik richtig formulierte, ist es unmöglich nicht zu kommunizieren.[43]

Deswegen sollte man sich auch als Unternehmen immer bewusst sein, dass es keine Frage sein sollte ob man kommuniziert, sondern wie und was kommuniziert wird.

---

[42] Vgl. Grabner; Vorlesungsunterlage Informations und Kommunikationssysteme, 2013, S. 70
[43] Vgl. Watzlawick, Man kann nicht nicht kommunizieren, 2011

6 Quellenverzeichnis

6.1 Abbildungen

Abb. 1. : Lebenszyklus IT-System, Quelle: Enzyklopädie der Wirtschaftsinformatik Online Lexikon; http://www.enzyklopaedie-der-wirtschaftsinformatik.de/wi-enzyklopaedie/Members/krcmar/Lebenszyklus-Modellv3.bmp/image_preview (Abruf vom 03.04.2015)

Abb. 2. : Kostenentwicklung Fehlerbehebung, Quelle: https://ai.wu.ac.at/~koch/courses/wuw/archive/inf-man-2-vo-ss-03/vorgehensmodelle/vorgehensmodelle.pdf (Abruf vom 03.04.2015)

Abb. 3. : Scrum Ablauf, Quelle: Mountaingoat Software; http://www.mountaingoatsoftware.com/agile/scrum/images (Abruf vom 03.04.2015)

6.2 Literaturverzeichnis

Back, Andrea; **Gronau**, Norbert; **Tochtermann**, Klaus (2012). Web 2.0 und Social Media in der Unternehmenspraxis – Grundlagen, Anwendungen und Methoden mit zahlreichen Fallstudien, 3., vollständig überarbeitete Auflage, München: Oldenburg Verlag

Grabner, Mario (2013), Informations- und Kommunikationssysteme – Vorlesungsunterlage für den Bachelor Studiengang der KMU Akademie & Management AG

Hanlon, Anne Marie (2014) , Quick Win- Social Media Marketing, Cork: Oak Tree Press

Hrupp, Peter; **Ruschka**, Chris; **Starke**, Gernot (2009) Agility Kompakt, 2. Auflage, Heidelberg: Spektrum Akademischer Verlag

Lovett, John (2011)Social Media Metrics Secrets, John Wiley &Sons

Preuss, Sebastian; **Rauer**, Matthias; **Seibert**, Martin (2011), Enterprise Wikis- Die Erfolgreiche Einführung und Nutzung von Wikis in Unternehmen, Gabler Verlag

Tiemeyer, Ernst (2014), Handbuch IT-Management – Konzepte, Methoden, Lösungen und Arbeitshilfen für die Praxis, 5., überarbeitete und erweiterte Auflage, München: Carl Hanser Verlag

Tiemeyer, Ernst (2014), Handbuch IT-Projektmanagement – Vorgehensmodelle, Managementinstrumente, Good Practices, 2., überarbeitete und erweiterte Auflage, München: Carl Hanser Verlag

Watzlawick, Paul (2011) Man kann nicht nicht kommunizieren: Das Lesebuch, gebundende Ausgabe, Hans Huber Verlag

6.3 Weblinkverzeichnis

Berlin Hochschule http://www.srh-hochschule-berlin.de/de/studium/betriebswirtschaft-e-business-social-media-ba/ (Abgerufen am 01.04.2015)

Bernroider, Edward; **Janko**, Wolfgang; **Geyer-Schulz**, Anderas; **Koch**, Stefan; Informationsmanagement in Organisationen- Vorgehensmodelle in der Software-Entwicklung https://ai.wu.ac.at/~koch/courses/wuw/archive/inf-man-2-vo-ss-03/vorgehensmodelle/vorgehensmodelle.pdf (Abgerufen am 03.04.2015)

Estee Lauder Youtube Channel https://www.youtube.com/user/EsteeLauder (Abgerufen am 03.04.2015)

Facebook www.facebook.com

Gabler Wirtschafts Online Lexikon http://wirtschaftslexikon.gabler.de/Definition/soziale-medien.html (Abgerufen am 05.04.2015)

Google Analytics http://www.google.at/intl/de_ALL/analytics/features/index.html (Abgerufen am 03.04.2015)

Instagram www.instagram.com (Abgerufen am 03.04.2015)

Klout https://klout.com/home (Abgerufen am 03.04.2015)

Melanie Galea Blog The Street Muse, Vanessa and the City (2015) http://www.thestreetmuse.it/blog/creative-projects/908/vanessa--the-city (Abgerufen am03.04.2015)

Saravanakumar, Dr. M.; **Sugantha Lakshimi,** Dr. T. , Social Media Marketing, 2012 http://dems.unimib.it/corsi/817/esercitazioni/social_media_mktg.pdf (Abgerufen am 03.04.2015)

Silhouette International Schmied Ag http://www.silhouette-international.com/silhouette/company/facts-and-figures/index.de.php (Abgerufen am 03.04.2015)

 Silhouette International Schmied Ag **Life-Style Blog** http://litestyle.silhouette.com (Abgerufen am 03.04.2015)

Social Sprout http://sproutsocial.com/features/social-media-crm (Abgerufen am 03.04.2015)

The Virgin Group History http://www.virgin.com/time-machine/1970s (Abgerufen am 03.04.2015)

The Virgin Group Homepage http://www.virgin.com/about-us (Abgerufen am 03.04.2015)

Facebook Insights https://www.facebook.com/help/pages/insights (Abgerufen am 03.04.2015)

Twitalyzer http://twitalyzer.com/5/index.asp (Abgerufen am 03.03.2015)

Twitter www.twitter.com (Abgerufen am 03.04.2015)

Usage of traffic analysis tools for websites

http://w3techs.com/technologies/overview/traffic_analysis/all (Abgerufen am 03.04.2015)

Youtube www.youtube.com (Abgerufen am 03.04.2015)